Por dentro y por fiera

Por dentro y por fiera

Rocío Torres

TEXTOS
Rocío Torres

PORTADA
Lily Vainylla (@lilyvainylla_)

MAQUETACIÓN
Andrea Gómez Expósito

NÚMERO DE EDICIÓN
Primera

EDICIÓN
Postdata Ediciones

ISBN
978-84-19411-70-9

DEPÓSITO LEGAL
V-1156-2024

INTRODUCCIÓN

¡Holaaa! ¡Qué ganas tenía de que nos leyéramos!

Si os cuento el tiempo que llevo pensando en hacer esto, fliparíais. Aun así, creo que han tenido que sumarse los años para que me pasaran (a veces, por encima) muchas cosas. Pensar largo y tendido sobre eso, no pensar tanto... y todo lo que conlleva.

Conforme iba leyendo lo que escribía y lo que borraba porque, en realidad, no decía tanto, me he dado cuenta de lo bien que (me) entiendo (la vida) cuando me paro a observar.

Vamos por ahí queriendo respuestas de todo lo que nos pasa o lo que casi nos pasa. Sea de frente o a través de una pantalla, que eso parece que da más seguridad y todo es más fácil. (Supongo que detrás de un libro también).

Aunque nosotrxs ya somos unxs seres maravillosxs con MUCHA información, pero dudamos tanto... que, al final, hacemos de lo lacio un rizo muy bonito, pero bastante difícil de peinar cuando se seca. (Creedme, sé de lo que hablo.) Lo curioso es que a todxs nos pasan cosas diferentes, pero nos sentimos de formas similares, lo que me hace pensar que no es tanto la etiqueta sino el material.

Este libro no es otra cosa que el resumen de todas estas reflexiones. (Perdonad, pero qué poca vergüenza llamar resumen a esta cantidad de páginas. Solo os digo que imaginaos un audio mío).

Como iba diciendo, esto es como un reality pero a lo Mr. Wonderful. Salseo por todas partes, pero contado con adornos y florituras para que pueda amoldarse a más gente.

También era la necesidad de regalarme algo a mí misma. Qué mejor regalo que escribirme a mí. Recordarme quién he sido y quién sigo siendo. *Por dentro y por fuera* creo que es un título que habla solo. Lo que somos por dentro nos transforma por fuera, y, si hacemos un buen trabajo con nosotrxs mismxs, conseguimos lo que sea, por fieras.

No estoy segura de si sé enseñar, pero me gusta aprender. Creedme cuando os digo que me hacía MUCHA ilusión mostraros lo que he aprendido.

Gracias por estar hoy aquí, conmigo.

Espero y ojalá lo disfrutéis.

¡AAAUUUUHHH!

WABI - SABI

(Origen japonés) Encuentro de la belleza dentro de las imperfecciones de la vida. Aceptación del ciclo natural de crecimiento y decadencia.

LAS VELAS QUE NO SOPLAMOS

Mira que me digo que no estoy hecha a base de prisas. Casi pillada por las agujas de cualquier reloj, sacadas de una maratón que no me he preparado.

¡BAM!

Disparo de salida. Es que siempre llego haciendo ruido, aunque he aprendido a irme de puntillas.

Mira que me digo que sí, que estoy abrazando a la calma, que hice *match* con ella y podemos entendernos. Seguimos conociéndonos. A ver qué tal, mañana os cuento.

Soy recordada por cosas que no me acuerdo que hice. A veces a bien, arrancando carcajadas en aquellxs que hace tiempo no veo. A veces, a mal. Maldecida por una lengua que, tal vez, fue mía en algún momento. (Perdón si no te recuerdo, seguro que nos supimos bien).

He sido el arma blanca y de fogueo por haber sacado la bandera blanca demasiado tarde. He cruzado la línea roja y mil semáforos porque no quería despegar el pie del acelerador.

¡PAAAM!

No os preocupéis. Todo bien por aquí. Con un subidón de adrenalina y un sonido en el pecho a cristales mal puestos, dentro de un corazón con actitud regenerativa.

Tengo la mala costumbre de decir siempre las cosas que se me pasan por la cabeza, aunque suene intenso, ridículo o exagerado. Perdonad, pero es que no me gusta la incomodidad de llevar los restos de lo que no dije colgados de la lengua durante mucho tiempo, que al final se secan, se acartonan y luego vienen las intolerancias.

Voy arrastrando dedos índices que tienen la manía de no parar de señalar cuando me ven. Yo les saludo con el corazón. Hay que contestar siempre con amor.

Estoy llenísima de ilusión, ganas y otras cuantas cosas sin sentido que yo tampoco entiendo. Como propuesta social deberíamos de soplar las velas cada vez que se cumplen las cosas que nos hacen felices, aunque no las hayamos pedido como deseo. Así que cierro los ojos, me agarro fuerte las manos y soplo.

Creo que me estoy cumpliendo.

SI QUIERES, BAILAMOS

Supongo que nunca se empieza de cero. Empezamos desde uno, desde dieciocho, treinta y tres… experiencias. Multiplicadas por doce.

Mira que nunca fui de números, supongo que por eso acabaron gustándome. (Es que dejé de contar).

A veces no me salen los resultados y tengo que volver a leer el enunciado. No me parecen fracasos porque no se perdió nada entre problema y solución. Siempre me sale a sumar.

Supongo que el que se caiga la toalla o no saber cómo cogerla, a parte de agujetas, me deja técnica propia. Me quedo temblando y me da más seguridad.

Me encanta esa dualidad. Porque estar segurxs ante algo no significa que andemos rectxs hacia ello. Es bailar un 4/4 y, poner el tres en el cuatro y el cuatro en el uno.

Y que lxs que tengas al lado te den mucho las gracias, en lugar de enfadarse, porque la realidad es que, también, estaban con el ritmo de la clase de en frente.

Cuando pasa eso, pasan muchas cosas.

Pasas tú, mientras pisas donde no es.

Paso yo, mientras me tropiezo.

Y nos encontramos de frente, mirándonos muy raro, porque nos cuesta entender que la vida era eso.

Pasa la nota del examen, aprobado con lo que tú quieras, porque el número siempre deberías ponerlo tú.

Pasa la toalla, que me está sudando la risa y a ti se te caen las gotitas de anécdota favoritísima.

Pasa lo que empezamos a buscar.

Justo el resultado que no estábamos esperando pero que

Ahí es.

LA CAÍDA DE NUMANCIA

Tienes miedo a ser un desastre, a estamparte por perder el control. Tal vez sigan quedando cosas pendientes entre tus pensamientos y yo.

No, y no y no. Tres veces negada, no sé dónde me contaron esa historia de la que todavía se habla.

Presumías de heroicidades, aunque jamás te he visto andar de puntillas por el filo de la vida. Mucho blablabla, pero en el primer desafío te bajabas, ya que muy claro no lo veías.

Valiente, mejor ármate con ese yelmo y montura de plástico barato. En dos intentos y medio ya lo tendrás rallado.

Hueles a caos,
a síes pero no,
a casis.
Don Propósitos Inexactos.

La falsa percepción de sentirte así intacto. No, no me hace gracia. Me estoy descojonando.

Maldito seas. Por mentiroso y embaucador.

Nunca quise que me llamaran salvadora en una guerra en la que el conflicto no era de tres, sino de dos. Me llamo como sueno. Siempre te costó pronunciarlo como yo quería. Supongo que los nombres fuertes, suenan a explosión.

De ahí el miedo a no ser suficiente… tú, no yo.

CRUELLA

Te dirán que ya no te invitan a bailar como antes. Que la esencia de las cosas se ha ido perdiendo con el paso del tiempo. Que ahora la gente se queja por todo porque no están acostumbrados a vivir con poco. Y tal vez sea verdad.

Te dirán que dar confianza es dar munición, pero que al final lo que duele es quien apunta con el disparador.

Te dirán, después de un largo tiempo, que se fueron sin despedirse porque, si te hubieran mirado a los ojos, no lo hubieran hecho. Y te dará igual, porque ya no duele.

Escucharás que los cuentos de nuestra infancia son historias crueles maquilladas de verdad para que aprendas. Pero, cómo íbamos a aprender si nos rompieron las expectativas cuando nos presentaron a nuestra primera piedra.

Te contarán que el 90% de las cosas que planees nunca se darán, que lo mejor es ir improvisando y luego nos haremos cargo de las bajas que haya. Y cuando llegues a casa, se te ocurrirán veinte opciones mejores con las que podrías haber salido del paso. Pero ya no importará.

De todas formas, a mí tampoco me gustó nunca salir a bailar cuando me lo exigen.

Soy más de lengua afilada cuando llego a mi límite que de coartadas cubiertas de comedia mala.

En ocasiones, de despedidas color azul oscuro y sin volteos de pupila vacía a pupila herida.

De buscar la versión original a todas las historias que me cuentan, porque ya no estamos para fiarnos tan rápido.

Incluso, a veces, soy lo que no me gusta que me hagan, pero, supongo, que todxs acabamos convirtiéndonos en aquello que alguna vez odiamos.

LATIDOS A 400 CV

Pedal que acelera. Excusas para no parar. Errores con argumentos poco razonables para dos corazones salvajes que son acusados de fraude. Ojitos rojos por la mañana, falta de una coartada creíble y testigos del asalto de sentimientos revueltos y lenguas revolucionarias. Imputaciones de futuros reclusos que se declararon cómplices de robo de besos.

Bocas con sabor a 'lo volvería a hacer', pero no volverá a pasar. Porque las calles con magia y lxs ladrones sinvergüenzas solo aparecen en las vidas de aquellxs que necesitan a alguien que les pregunten si son felices antes de desabrocharse la camisa y dejar al descubierto las fantasías de tantos años. Después, se van. Buscando otras víctimas a quien asaltar, dejando la duda de si se volverán a cruzar otra noche de estas.

Si es que al final nos queremos así.
Alocadxs y casi cuerdxs.
Pequeñxs,
gigantes,
tórridxs,
brutales
y libres.

¿Cómo puñetas lo explicamos? Si ni si quiera nosotrxs lo entendemos. Puede que en este mundo donde lo emocionalmente incandescente es motivo de vergüenza, sea cierto que no estamos bien de la cabeza. Porque seguimos haciéndonos preguntas, pero, ahora, preferimos que las respuestas nos sorprendan y no nos destruyan. Aunque destruirnos es lo que mejor se nos da.

Y sí, somos los responsables de las prisas y los peros que un día compramos. Corazones salvajes con latido a 400 caballos y permiso para estamparse, porque, total, todo el mundo busca el sentido a la vida que le ha tocado y supongo que la forma en la que lo hagamos está justificada si nos lleva a encontrarnos por fin.

EL ABC DE TUS MANERAS

El ABC de tus maneras, sin manera de explicar porque cómo se explica el nato 0 de algo.

La poca vergüenza con la que vas a por lo que se te antoja. ¡Fullera! Se te ven desde aquí las intenciones que me traes, pero qué talento *pa'* disimularlo.

El papapá, papapá de tu taconeo. Que vas danzando al andar y tienes arte hasta cuando no quieres. La gracia que brota de tus mejillas, qué poco te gustan, pero cómo se acuerda *to er* mundo de ellas.

Los ojos aceituna del color de la tierra *mojá*, que miran como sabiendo muchas cosas que no dicen a cualquiera, midiéndolas en un cuentagotas de persona inteligente. Aunque entre sorbito y jajás, sorbito y qué más dás, los metes a *tós* en el saco con tus filosofías de persona con tres ojos, manos de bruja y palabra de mesías.

Que ya no saben si creerte o fantasear, mientras se les va el norte en ese no se qué, qué sé yo, si lo que quieren es quedarse en el sur y les cuenten *tos* los días historias de estas y, entre una y otra, formar parte de alguna.

El revoleo de tu pelo cada vez que quieres que se te vea bien, pero sin hablar ni pizca. (ciegx el que no te vea cuando pasas, pero eso es otro tema).

Las candelas que se avivan cada vez que lo haces. La época del califato, traspasando el tiempo, y te llaman novia, gitana, mora y guapa sin poder evitarlo.

Y es que *pa'* una cosa bonica que nos deja respirar, entre tanta noticia barata de mundo que va en *picao*, se te deben más gracias que agua en el campo.

Borras daños de encima, rifas años *pa'* vivir. Que te los quitan de las manos solo *pa'* sentir cómo tocas y lo que pasa con eso.

…

Pasa justo esto, las ganas de saber más.

PLENILUNIO

Llevas un eclipse por montera, las fases de la luna en las pestañas.

Luna nueva. Cautela.
Cuarto menguante. Mejor no hablarte.
Cuarto creciente. Rompiendo esquemas sin escuchar a las malas lenguas.
Luna llena. Una vez más, persona nueva.

Tienes en el cuello pequeñas constelaciones a las que llamo lunares, por ser más coloquiales, y crean un camino de besos que se divide en dos direcciones:

1.   Tu boca o agujero negro con un imán cosido y los días contados después del colapso contigo.

2.   El otro lleva al sur de tu ombligo.

En búho se convertirán tras haberte conocido. No son ojeras, es el deseo de seguir estando contigo. Entonces, nube de polvo. Tormenta que rompe. Rayo que esculpe más que devasta. De los que brillan, de los que atrapan.

Cuatro veces dijiste adiós, cada año bisiesto, por si en alguna de esas te pedían que te quedaras. Es que eres de aquellas que sólo unxs pocxs tienen la suerte de encontrar cada veintinueve del dos hasta la media noche, si saben bien cómo ver y no solo dónde mirar.

20 – 20

La miel en los labios.

La piel de gallina.

Los pies congelados.

El cuerpo de piedra.

El iris dilatado.

En este lenguaje nuevo que se ha creado.

De pupila con pupila.

Entonces, observamos.

Cuánta falta nos hacía echar el freno de mano.

Mordaza entre los dientes, antes de pegar el primer bocado.

Cómo en algo tan subjetivo cada uno lo entiende a su manera.

Y, mi manera de hacer las cosas es divertirme hablando, sin decir lo que pienso, porque pienso demasiado.

Como si al presentarme, lo primero que dijera fuera que voy a ser tu mejor momento de este año. (Primera carcajada, ya voy ganando).

Quizás lleguemos a un café con el privilegio de destaparnos.

Tú, devoto.

Yo, atea.

No tan así, no es que no crea.

Creer, creo. Pero lo cuestiono todo un poco más con los años.

Creo en los silencios que se crean.

En los susurros a consciencia para que la distancia se acorte, porque bastante hemos tenido ya.

Creo en unos lacrimales que se emocionan.

En las patas de gallo felices.

En el surco de unos labios que se hacen notar.

En unas cejas que tienen vida propia. Y se sorprenden, se enojan, escuchan y dan.

Creo en que no podemos permitirnos dejar las cosas pasar porque, entonces, nunca pasarán. Ya tuve demasiados tampocos y tan pocos. No es casualidad lo de que sonaran igual. Que siempre he preferido el también y tan bien cuando me preguntan algo.

Y mucho más ahora, que nos hemos vuelto a llenar de primeras veces, justo después de creer que lo estábamos haciendo todo, cuando tan solo habíamos pensado en que podríamos empezar.

C – ALMA

Eres casi toda seguridad con una pizca de pasado en la pupila izquierda. Y un lunar en el lado derecho que te hace única.

Si miran de cerca tu iris, pueden darse cuenta de que ya no estás hecha a base de miedo. Y que ese color de ojos tapa todo lo malo cuando le da por brillar.

Eres todo callar y callar. No hablas las cosas hasta que se convierten en un globo lleno de agua a punto de estallar.

Entonces, estalla(s).

Ahí es cuando llega el tsunami hecho huracán.

Nos ahogamos, yo contigo, en ese charco que es más jodido que hondo.

Lxs que entendemos de naufragios sabemos que solo se sale a la superficie para coger aire y, después, volver a hundirnos.

Calma. Cada cual elige la suya.

ENTRE LONDRES Y BUENOS AIRES

Persona de ojos tristes con uniforme sonriente. Humano de corazón recalentado que está a punto de estallar. Tengo ganas de preguntarte quién te ha hecho tanto daño a maldad. ¿Por qué ese silencio entre los dientes cuando tienes ganas de gritar?

Te miro y veo guerras en tus párpados, mochilas con munición a punto de explotar. Mi mente a la tuya le dice 'tíralas'.

Mira, yo también desconfío. De verdad te lo digo. Y me asusto, lloro y, a veces, casi retrocedo. Pero es que he aprendido que no todo en la vida pasa de la misma forma dos veces seguidas, ni tres, ni de nuevo. Aunque parezca que andamos en un círculo de situaciones parecidas, nunca a lo mismo volvemos.

Por eso, quien se quiera o tenga que ir: gracias por participar y hasta luego. Y quien se quiera quedar lo único que pido es que tenga ganas de las de verdad. Ya que, el tiempo, cariño, vale mucho más que el aparentar.

Solemos pensar que si hablamos seremos más juzgadxs que comprendidxs. Pero es que si no nos comunicamos estamos yendo por diferentes caminos. No puedo curarte, solo lo puedes hacer tú. Pero, quizás, pueda ayudarte a hacerte pensar que todo lo malo vivido ya no está.

Hay un mundo, el de la gente buena, créeme, yo he ido. Allí hay más respuestas que preguntas, más sumas que restas. Te llevo cuando quieras. Además, hay mucho verde, que sé que es tu color favorito.

Niño grande.
Mirada penetrante.
Guerrero cansado.
Pacífico invertido.
Valiente no reconocido.

Por si de algo sirve, yo sí querría vivir las cosas una, dos y tres veces contigo.

RESILIENCIA

No te pregunté si tuviste miedo alguna vez porque me habrías dicho que no. Siempre fuiste de tener las ideas claras y las ganas a todo gas. Los pies con el combustible lleno para ir donde quisieras.

Me mirabas con tanta fuerza, buscando algún tipo de apoyo que no podía ni sabía negártelo. Fingía con la resistencia que me salía de los poros cada vez que me tocabas.

Y, de repente, deseé que la vida nos diera una tregua de cien años o más. Que nada pudiera hacerte daño ni apagar tu energía, esa que rompía todos los cánones impuestos que no iban contigo.

Que nada pudiera separarme de ti porque me necesitabas. Y te debía tanto por tenerte que hubiera juntado cielo y tierra para que siguieras siendo tú, La Imparable.

La suerte fue que no me preguntaras si tenía miedo. Porque te hubiera dicho que sí.

KINTSUKUROI

(Origen japonés) Arte de la reparación de la cerámica uniendo dos piezas con oro o plata, entendiendo que la pieza resultante es más hermosa por haber sido rota.

INSURRECCIÓN

Has vuelto.
Porque escuché la palabra canalla con un silbido admirador y varias vueltas de nuca, retumbando en mis tímpanos.

Lo has hecho.
Porque volví a sentirte pisando fuerte y eso que andabas descalza por la orilla del Mediterráneo a estas alturas del año.

Volviste torbellino.
Arrasadora.
Más rebelión que nunca.

El mundo te pide a gritos que el tiempo que no tenías lo saques debajo de la alfombra donde se encuentran las cosas perdidas. Como lo estabas tú.

Revolución.
Big Bang humano.
Explosión curvilínea.
PAAAM. De repente ardes, explotas y brillas.
Fósforo, chispa y llama. Tres en uno.
Madre, hijx y tú en una misma oración.

Y, siendo atea, debes de confesar que el incendio siempre fuiste tú. Y no te quemas. Te transformas.

Bienvenida de vuelta, de nuevo, de verdad.
Bienvenida, insurrección. Sé que te echabas de menos.

LA GRAN TIFÓN

Ha llegado un momento en el que ya no me asusta el lobo feroz con máscara de 'todo a 100', la bruja con nariz de plástico del malo, ni su espejo parlante que proclama como reina del baile al filtro más conseguido y la superficialidad acomplejada.

No deseo a la bestia con corazón bondadoso ni el maldito zapatito de cristal. Lo de ser princesa es algo a lo que le resté importancia en cuanto me di cuenta de que en zapatillas se llega mejor.

Ahora me hacen gracia las hermanastras egoístas, los leones crueles con pelazo y labia que luego te la dan cuando menos te lo esperas y las pócimas que te dejan sin voz justo cuando tienes la necesidad de decir algo.

Ya no me entusiasman los sapos que se convierten en príncipes desde que besé a unos cuantos que se quedaron en formato original sin la devolución de los esfuerzos ejecutados.

Cada vez me caen mejor las villanas que quieren asaltar el sistema impuesto. La mayoría de las veces son heroínas, disfrazadas de gente normal, como tú o como yo, que dan ejemplo con el ejemplo de querer ser alguien que no forma parte de un ganado.

Suelo anhelar ser siempre una niña y vivir en Nunca Jamás. Aunque, hay veces en las que vuelo y me siento jodidamente bien. ¿Las hadas no existen? Desgraciados por siempre los que tienen que ver para creer, pero eso es otra historia.

No soporto los cien años durmiendo, que luego ando preguntando qué me he perdido. Todxs de parranda y yo medio muerta. Qué barbaridad.

'Yo quiero ser como tú. Ser tan humana me va a aburrir' le canto a mis cuatro patas preferidas.

No quiero perdices, ni bailes de etiqueta con toque de queda, alfombras voladoras que marean, ni manzanas caducadas que provocan consecuencias horribles.

Me gusta más la idea de ser una guerrera y pelear como una chica por aquellas cosas en las que creo.

A capa y espada, a faldas y con orgullo, a fuego que no daña, pero quema lo malo. Con dos pesas a los lados, el de la fuerza y la disciplina, dirigiendo la flecha al punto más alto.

El río bravo, la gran tifón.

Así es como juegan las nenas. Ahí es donde quiero estar.

RAYAJOS

Dibujos confusos de corazones en espejos empañados. De lejos parecen rayajos de quien tiene edad del que todavía no sabe que se borran con la misma facilidad que el ambiente se enfría. Inocencia rompedora que cada dos por tres regalaba siete años de mala suerte. Mejor no hagamos la cuenta.

Cisma de nudos en cosas donde no se pueden atar cabos. La cuerda la seguimos teniendo, pero aprendimos a darle otros usos.

Dibujos de caras sonrientes hechas con vaho. De lejos parecen tú, de cerca suenan a mí. Si te quedas en medio parece que no sonríen tanto.

Trazos mal hechos en un papel *random*. Suelen ser los que menos se entienden y los más sinceros. Hablan de cómo estamos por dentro si los miras bien.

A veces me siento fuera del folio, sin hueco ni en los márgenes. Eso me gusta. Porque un folio con rayajos, roto o doblado, fuera del paquete, ha entendido bien su función.

FIERA

Me gustaría que pudieras verte con mis ojos, tan solo por unos instantes, como una observadora neutra y objetiva. Que te vistieras con mi piel, te tocaras el pecho con la mano y sintieras cómo se vive el tiempo a latidos. Que tuvieras acceso a cada uno de mis pensamientos más profundos. Que fueras yo, pero siendo tú.

Tal vez, en ese momento, entenderías que la única persona que piensa que no llega, que no es apta, que siempre falla, que nunca es la primera opción en la elección de alguien, solo lo ves tú.

Porque para mí siempre eres la banda que cae a los pies del primero en la meta, la que mira todo el mundo, la que sabe corregir y mejorar, la que es la elegida y, a la vez, el pack miedo + agallas = a intentar.

Remolino.
Marea desconocida.
Territorio por colonizar.

Ojalá pudieras crecer sin el peso del pasado que, a menudo, es una bolsa de carga militar. Para de vivir a media potencia.

Sé tú. Contigo. Con todas.

Entonces, te darás cuenta de que nunca fuiste tan diferente a lo que siempre quisiste ser. Estás llegando a donde querías estar.

Fiera, corazón ya sé que tienes, enséñame las garras. Sácalas.

PATRÓN A MEDIDA

He vuelto a sonreír a unos ojos que me buscaban estando yo en frente, sin poder verlos bien. Al saludarme parecían desenfocados. Aunque, seguramente, la desenfocada era yo.

He vuelto a acercarme a cosas sin sentido que no sé dónde me llevarán. Miedo está conmigo, pero estoy aceptando que forme parte de mí. Incluso, es casi amigo cuando me siento sola y lo veo a él.

Tener noches memorables con cicatrices es algo a lo que no me quería aferrar, por si al rozarlas sin querer, me dolían demasiado. Instinto de supervivencia, supongo.

Es que conocí a alguien que se hizo a la huida, imponiendo jaque sin sentido alguno. Como el que impone un sí o un no, jugando al pito pito.

Al final, me di cuenta de que yo no destruyo. Ni tampoco reconstruyo a quien quiera arreglarse. Tan solo acompaño por el camino y doy mucha conversación, para que se haga más ameno todo.

Por eso, ahora sé que no estaba rota, tan solo deshilachada, mientras intentaba hacerme un patrón que no me apretara tanto en unas manos que no sabían coser. Porque, aparte de sentirnos guapas, queremos que nos dejen respirar bien.

LA RENDICIÓN DE LA GUERRA DEL GOLFO

¡BOOM!

¡Demoledora!

Conozco tu secreto. Sé que siempre pisas fuerte aunque vayas descalza. Pies de plomo, cosidos a plumas. No queda muy claro si el rastro que dejas es de huellas o alas.

¡Ciclón!

Nunca se han visto más giros de cuellos en un mismo sitio, al mismo tiempo.

¡Sublevación!

Pasar por tu lado e invitarte a un café sería la peor excusa para ver cómo miras de cerca. Aunque dijeras que no.

¡Canalla!

Debería de estar prohibido conocerte y no insistir en que te quedaras.

EL PAÍS DE NUNCA JAMÁS

Personas con complejo de estrella fugaz (lo del nombre es por lo efímero y no por el afán) tenemos algo que deciros, tan solo soy la portavoz, pero el equipo es monumental. Voy a ir al grano, sin andarme por las ramas, que en demasiadas he estado ya.

Nunca nos gustaron las dudas sin explicación.
Los síes pero no.
Los casi algos que tienen más cuentitis que hechos.
(Es algo realmente agotador).
No somos de 'a ratos'.
Expectativas efímeras y cerebros a poco hacer.
Somos más al dente, corazón.

Valemos más que el precio que nos ponéis. Costáis más que la calidad que ofrecéis. Os echamos más de menos que el tiempo que estáis. A jugar, al patio del colegio, que es de donde procedéis.

Cansadxs de ti y de ti. Del otro que vuelve cuando no tiene nada mejor que hacer.

Del que se olvidó de escribir por quererlo todo y sin nada se quedó, (el que va de listo por la vida, al final resulta ser el que más palos se llevó). Del que nos llama 'perdida' y no nos saludó cuando de casualidad nos encontró.

La historia del narcisista que se cree conquistador. Qué pereza dais, por dios. Quien mucho cree levitar, la hostia más fuerte se la da. Bajad de las nubes, Peters Pan. Pero, tiempo al tiempo. La vida, muchas vueltas da.

Personas desconocidas que del mismo palo vais, por favor, no utilicéis las mismas cartas con jugadorxs con antigüedad. La inversión de nuestro tiempo en gente de vuestra calaña es algo que siempre sale a pagar. Y no, no somos tontxs, es que ponemos en práctica la asertividad.

Aunque cuando la buena empiece a ser la lista, creedme, se irá y, entonces, la llamaréis persona que no os ha sabido valorar (jajaja).

Se os ven los rotos cada vez que lo hacéis. Por eso, entendemos que no soy malxs, solo sois niñxs heridxs que han pretendido curarse con la tirita y ya está. Pero es que no somos psicólogxs ni sacos de boxear.

En fin…que no volvemos más, pero ¡gracias por participar!

11:11

He sobrepensado y no lo he hecho.

He resuelto 'come comes' con eso.

Creí que yo misma me estaba enterrando.

Ese pensamiento fue como una pistola sin gatillo.

De nada valía el conflicto.

Me he preguntado.

Mi Yo decía una cosa.

Mi Ro decía otra.

A buen puerto llegaron (unas vistas preciosas, por cierto).

Fui la última en darme cuenta de que todavía me estoy plantando.

¡Y qué flores tan bonitas, niña!

Van a ser de las que huelan de lejos y quieran hacerse con el ramillete entero.

Fe al tiempo.

MEDIDAS INEXACTAS

Han pasado once veranos.
Nueve sin ti.
Desde entonces, hemos estado a l e j á n d o n o s   y
buscándonos.
Con trescientos cuarenta besos entre medias.
Solo doce fueron de verdad.
Seis, fueron tuyos.
Nos hemos hecho reír y hemos estado s
                                      u
                                       f
                                      r
                                       i
                                        e
                                         n
                                          d
                                           o.
Buscando el punto exacto donde poder entendernos.

(Chs, chs….Ahí no es…).

MIL VECES YO

He aprendido a respetarme demasiado como para dejar que te quedes, que vuelvas o que casi vuelvas.

Me quedo conmigo.

Gracias por enseñarme, de forma ruda, pero eficaz que, si no aprendo conmigo, no puedo dar a los demás.

MERAKI

(Origen griego) Cuando el alma, la creatividad y el amor están presentes en lo que haces. Es la esencia de ti mismo puesto en tu trabajo.

S-HE (ART)

Intentaste desechar el ruido, mientras generabas más. El Abismo, es como se llama en los libros de espiritualidad.

Capítulo 1: '¿Y si no soy suficiente?'
Capítulo 2: '¿Y si, al final, es no?'
Venga, ahora en serio, por favor.

¿Y si eres el ejemplo que otra persona tiene? El que tú tendrías, si te vieras desde fuera. ¿Y si eres esa persona-huella que queda incrustada cada vez que pisas, aunque dirección prohibida sea? Marcando el paso del por ahí no. Pero lo intenté. Como diciendo 'ten cuidado, aunque yo te cuido'.

Siempre te gustó la gente del sí en la frente, la del himno de 'no sé si todo se puede, pero tengo claro que todo se intenta'. Oye, qué bien suena. La del 'tengo un miedo que flipas, pero voy a ver qué pasa'. Es que al final lo cantas.

Siempre te movieron las personas que se arriesgan, las que sacan tiempo, las de las ganas inmensas. Las que a veces sienten dudas, pero, al instante, saben que no deben de escuchar a ese mentiroso que habla en sus cabezas.

Pues todas esas personas a la que tanto admiras y en la que tanto te fijas eres tú, mirándote en el espejo de lo que siempre quisiste y, poco a poco, está apareciendo.

Nadie ve en otrxs lo que no tiene dentro. Aunque no se haya manifestado al 100% está ahí, creciendo. Confía en ti y en tu proceso. La energía del compararse que sea siempre un regalo de ti para ti, sin soltarla a diestro y siniestro.

Eres grande, eres buenx. Mañana lo serás más. Pasado, tal vez te acuerdes de cuando querías lo que hoy tienes ya.

La vida tal vez sea eso. Una escalera infinita que va donde tú quieras que vaya. Con rellanos para descansar cuando no puedas más. Con la inclinación a gusto de consumidora y el botoncito de escalera mecánica. Con suelo que se moja, pero no resbala. Con barandilla de buena calidad, para que te agarres por si andas despistada.

Se habla del estar cansada de algo y rendirse ante algo como la que tiene hambre y pasa hambre. No es lo mismo. Tú y yo nos cansamos, pero estamos hambrientxs. Eso es lo que siempre nos diferenciará del resto.

LUNÁTICA

Te creíste gata nocturna cada vez que trepaste muros en los que pensaste, te ibas a desollar. No pensaste mal. Te dejaste la piel y la cabeza, aunque los saltaste.

Te llamé loca, aunque, en realidad, lo que quería era unirme a tu causa.

Eres la oveja negra orgullosa de sí misma. La que el rebaño señalaba con el dedo índice mientras sus meñiques apuntaban a ellos y tú, sin vergüenza de condición, presumiendo de lo que eras.

Como la cuerda elástica que mientras menos la estiras te muestra su verdadero yo, pero nos empeñamos en estirarla para ver cuál es su potencial.

Cuando, el verdadero potencial, lo tiene cada vez que vuelve a su forma, tras haber estado a punto de romperse en dos.

Por esa regla de tres,
por fortuna
o por desgracia,
te quieren tener para toda la vida.

Aunque saben que toda la vida solo durará hasta que quieras desollarte con otro muro, mientras te grita loca alguien que quiere ser como tú.

LA NIÑA MISTERIO

Las luces apagadas por todas las veces que nos gustaría encendernos. Se abre el telón. Un foco prendido por cada pupila y chakra raíz que se siente. El vistazo a tu cuerpo, la palabra arte, que acaba de cobrar sentido para cada lógicx de la sala.

Te fijaste en el brillo que me salió al mirarte cuando tú no lo hacías. Deslumbró tanto que algo empezaste a olerte. Esencia de ganas enmascaradas Nº1.

Te llamo flamenca cuando te arrancas por los cuatro palos, sin dudar en lo bien que me bailas, en todas partes y a todas horas, sustituyendo ese verbo por cualquiera que salga de tus poros.

Que no me puedes enseñar los volantes sin que le des varias vueltas a la falda y, entre lunar y lunar, los míos de punta.

Por los hoyuelos que te aparecen, cuando no sé si vas a echarte a reír o a cantar. Que nunca sé por dónde vienes, porque eres la Niña Misterio que cada día tiene el paso *cambiao* y no hay quien te lo pille.

El vaivén de esas muñecas a ritmo de intensidad, que tiene los aplausos contenidos desde que empiezan con la primera rotación erógena.

Escuché que te llamaban loca y que así los volvías a todos. Me parecieron mentiras. Creo que a lo que, en realidad, se referían era que les encantaría enloquecerte.

Ovaciones. Tu nombre en eco. Ojalá todo el mundo se llamara como tú, artista.

LA RELATIVIDAD DE LAS COSAS

Me he quedado en bucle pensando en no pensar. Y mientras menos pienso que lo hago, más pienso que no puedo dejarlo estar.

Tranquilidad, amiga. Llevas el turbo en automático mientras el freno de mano se pone solo, creerás. La relatividad de las cosas. Una supone que va lento hasta que se encuentra con el/la que realmente lo va. Te quedas mirando y piensas 'joder, otra vez pensando' que por qué va tan despacio.

Supongo que la velocidad depende del tamaño de las cosas que quieras alcanzar y no tanto del lugar donde están. Llegar se puede llegar. Pero no es lo mismo una curva cerrada que 20km en recto sin parar.

¿Te quieres matar? ¿O quieres que mueran (figuradamente, claro está) cuando vean que pudiste hacerlo frenando y sin frenar, dependiendo de la inteligencia que tuviste sin pensar en pensar?

El amor (¿Qué tiene que ver esto con lo otro?, dirás) Shh, el amor está en todo. Confía y verás. El amor también es trabajar en lo que nos puede dañar, para que no le pase al otro por encima nuestra puñetera velocidad.

SEGUNDA PIEL

Dime cuántas con las mismas ganas de estamparse con el suelo una vez, otra y de nuevo... volver a empezar.

Dime cuántas con los pies en el suelo, pero la mente y la mirada donde por mucho que mires no llegas a alcanzar.

Dime cuántas con ese ímpetu y esa certeza de que, aunque golpeen, dañan, pero sin llegar a derribar. Una reconstrucción constante del querer ser más.

Dime, tú. El que tanto habla, la que tanto señala. ¿Cuántas veces te has rehecho así de inmensa, sintiendo lo que se siente, cuando la que está tan derrotada se vuelve a levantar?

Es la sarna que, de tanto rascar, se convirtió en segunda piel.

Es el no que, de tanto escucharlo, empezó a caerme bien.

Es la aceptación de que no puedo controlar lo que quiero, sino lo que sé y eso está bien.

Es la confianza de demostrar(me) que, aunque sea lento, aunque parezca tarde, lo que se lleva por dentro siempre fue el secreto para que, al final, todo salga bien.

MI PERSONA GRIETA

Eres una super persona. Así. Tal cual. Podría terminar aquí y hubiera dicho todo lo que quería que supieras. Pero a ti, que siempre te gusta saber los por qués de las cosas, no puedo dejarte a medias.

Incluso en tus días malos sacas el aprendizaje de todo y tienes esas ganas locas de seguir haciéndolo. Creo que por eso mismo ya has entendido de lo que va la vida.

Me has enseñado que lo malo de la inseguridad no es el nombre que tiene, sino que hace que juguemos contra nosotrxs mismxs y, al mismo tiempo, nosotrxs juguemos contra otrxs.

Tendrías que hacer una película con todas esas anécdotas que no sabe nadie, pero te van colgando de ese lunar que tienes en la comisura derecha. Como diciendo 'tira de ellas que quiero que las conozcas tú también'.

Esas cosas te han hecho ser alguien que tiene agujeros por todas las partes del cuerpo y ya ni los esconde, ni los tapa. Ahora los en-s(u)eña. Como quien presume de su logro más potente.

Es que el pasado es solo una historia que nos contamos a nosotrxs mismxs hasta que lo convertimos en cuento de mayores y todo tiene más sentido.

Las voces en *off* de nuestrxs amigxs deberían estar presentes cuando nos pasan (y traspasan) las cosas. Al menos, nos llevaríamos unas risas mientras estamos llenicxs de barro. ¿Te imaginas? Sería como tener *fandom*, aplausos y abucheos desde el cariño más profundo.

Por cierto, te suelo llamar Persona Grieta, aunque no lo sepas. Es que me encanta la gente que las tiene. Porque donde están las grietas, está la verdad y ahí es donde siempre me quedo yo.

LA CRIMINAL

Me encanta cuando me miras de esa forma tan decidida mientras te diriges a no sé dónde. Donde no hay cabida para preguntas porque todas se contestarían con un sí. Donde no hay hueco para las dudas ya que todas se han disuelto.

Apuntas con la pupila al objetivo y... PAM. Puntería fina.

De repente, todo se vuelve más claro, más fácil, más posible. Resurrección curvilínea con nombre de mujer. Todo el mundo quiere saber cuál es.

Entonces, te preparas, saboreando tus dedos con mirada criminal.

Si tienes hambre, devoras.
Arma de doble filo,
dualidad extrema.
Mitad atracción,
mitad enemigo.
Forma animal.

Nadie quiere ser presa, pero les encanta cuando les comen.

Fuiste el plan impensable que, contra todo pronóstico, salió bien.

Y es que, cuando crees fervientemente en algo, en ti, ya estás completamente preparada para conquistarlo. Siempre supiste que el empoderamiento aparece cuando estamos cansadxs de no mostrar quiénes somos en realidad. Y de qué manera.

ENTRE LA VIDA Y LA MERTE

No sé si te creíste mucho lo de que te plasmaría sobre tinta cuando te lo dije entre bromas. (Tengo que confesarte que suele ser verdad lo que digo siempre que estoy llorando o riendo). Mientras amanecía en aquella terraza imaginando que lo que veíamos era Lavapiés y que, luego, me llevarías a Malasaña.

Sin mucho aire entre nosotros, porque a las bocas bonitas les gusta reírse de cerca, mientras saborean bien todo lo que se tienen que contar.

Intuyo que lo de mirar de cerca es algo que siempre te encantó. Lo tuyo es observar. Lo llevas en tu ADN. Observar y vivir mucho para luego ejecutar, ya sabes por qué lo digo, artista.

Hemos vuelto a los tiempos donde dos manos se encuentran sin culpas.

'Te quiero tener cerca porque me inspiras' imagino que le diría la una a la otra.

Pestaña con pestaña y beso en la nariz. Dijiste que no creías que volviéramos a vernos y yo, que la vida da muchas vueltas y que hay que jugar dos veces picando a la puerta, a ver si nos abre alguien.

Por eso tengo un 'descuidémonos bien, otra vez' debajo de la lengua esperándote. Puede que, por un instante, fuéramos poesía, dentro de aquel año de historias mal contadas.

EL MIEDO ADRENALÍNICO

La sensación de que estás constantemente cayendo al vacío, sin intuir si te vas estampar o si, de repente, vas a rebotar.

El miedo adrenalínico. El que empieza a temblar si no lo miras a los ojos al pasar, cuando no sabes si vas a comenzar a ser o a dejar de estar.

Lo puse en un espejo y era yo la que se reflejó. Que el miedo más grande que tengo es realmente verme por dentro y aceptar que soy como siempre quise, sin que me afecte lo que no entienden cuando señalan sus dedos. Suelen ser los mismos que traigo conmigo. Porque lo que pienso que piensan es lo que en el fondo yo pienso.

La niña nunca se fue. La niña es todo lo que está bien y lo que no encaja al mismo tiempo. La niña que es más niña mientras más mujer es.

Somos tú, somos yo, somos ella y él.
Somos todo lo que la otra fue.
La buena, la cruel, la soñadora, la lógica...ay, yo qué sé.

FUERZA, TIENES NOMBRE DE MUJER

Mujer soldado.
Que se lanza y tropieza.
Que sabe y no la dejan.
Que se aventura y la desafían.
Que duda y siempre resuelve.
Mujer fantasía.
Piel y maga.
Compleja por dentro.
Hechizo por fuera.
Te lo mereces. Lo que sea que quieras.
Por tozuda, por ganas y zarpas.
Mujer pájaro.
Que despliega su fe antes que las alas.
Y arrasa.
Porque ha aprendido que el hambre
es lo único que al miedo siempre gana.
Que quien algo quiere, algo le cuesta.
Que quien sabe que puede, solo acierta.

MI LUGAR SEGURO

Humanos con corazones apasionados palpitando como si fueran a explotar.

Tenéis el don de ver, en lugar de solo mirar. Sabéis lo que es aprender jugando y, sobre todo, sanar. Vais del objetivo a la necesidad, del desencadenante a la estrategia. No dejáis de analizar, tan solo cuando el cuerpo calla a la cabeza. Os miro y veo guerras en vuestros párpados, mochilas con munición a las espaldas, a punto de estallar.

'Tiradlas' sería el consejo más normal. 'Abridlas' le dice mi mente a vuestra forma animal. Recordad que ya tenéis el imaginario y el psicofísico. Así que, confiad.

Si algo os sobra, son agallas. Esas que al miedo siempre ganan. No es frase de automotivación, es que lo compruebo todas las semanas. Os he visto peleando, así que nadie sabe mejor que yo que lo que tengo a un lado y tengo al otro no es un aprendiz, es un campeón.

Me encantan las personas que tienen el corazón por fuera del cuerpo, perdón por la cursilería, sabéis que la leona también la llevo por dentro.

Cuando estamos en mitad del caos, solo tenemos que sentarnos en una silla a respirar y hablar en voz alta, sin pensar. Preguntarnos en quién nos estamos convirtiendo. Miraos las manos, movedlas al viento. Ahí vienen las respuestas que teníais dentro.

Cerrad los ojos, escuchad la música. El ritmo que os mueve es el que está en lo cierto. La respuesta siempre será seguir y el obstáculo, poco a poco, irá decreciendo. No eran curvas, es que no enfocábamos bien de lejos.

A vosotrxs, mi lugar seguro, mi patio del colegio, encantada de que hayamos compartido la Vida − Camino. Sin ninguna duda supisteis renacer a Rocío. Allá donde la vida nos ponga, ojalá sigamos siendo.

GAMAN

(Origen japonés) Resistencia y capacidad de seguir intentando algo a pesar de las adversidades. Seguir luchando a pesar de que parece que todo está perdido.

HENKO

Me han crecío las flores a finales de diciembre con *tóa* la escarcha puñetera encima de ellas. A mí me gusta más llamarla Rocío, que es lo mismo, pero con más gracia.

Supongo que la metamorfosis es algo así como que, de repente, se me vea un rizo en mitad de la nada, haciendo creer que, ha sido de un día para otro cuando han *nacío* los caracolillos, pero… ¿qué se hace a esa velocidad? *Na*, bueno, supongo.

La fotosíntesis es jodida cuando te falta el oxígeno. Menos mal que hemos *aprendío* a respirar por el diafragma y a contar las cosas con base de risa. (El sonido de la vida, que es el del humor, supongo).

Oledme los pétalos y no me arranquéis más. No seáis capullxs.

YUGEN

¿Cuánta ilusión se puede poner en las cosas que hacemos? Me refiero a si hay tope o no.

A días, pienso que es bastante incontable. A noches, que es incansable. A veces, paro a tomar aire y, luego, vuelvo a enterrarme o me pongo a despegar. Viene a ser igual, en ambos casos, el aire que aguantas y el que te falta cuando no podemos más.

¿Cuántos noes aguantan las ilusiones? ¿Cuántas roturas de alma?

Parecieran que se regeneran solas cuando dejamos de pensar cuánto tardan en hacerlo. Lo que me hace pensar que somos más super heroínas de lo que nos habían contado nunca.

Como las leyendas de origen popular que, de tanto boca a boca, se va perdiendo la información más importante en cada vuelta de esquina.

Entonces, ¿qué fue antes?, ¿el cuento o el milagro? Supongo que es bastante difícil de explicar cuando puedes ser las dos cosas.

Es que me acabo de acordar de todos los noes que me han dicho en mi vida y, aunque ya no me escuecen, me he puesto triste por mi y(R)o de antes y toda la ilusión que dio a lo que nunca pasó de ese callejón sin salida, con una nota al final de 'vuelva a intentarlo'.

Sí. Si volver, vuelvo. Total, entre vuelta y vuelta, al menos, me da para airearme un poco. Pero, mirad por la mirilla, aunque sea solo eso, a ver quién es. Que os traigo las pestañas llenas de cosas *pa'* contar y no encuentro a nadie que quiera abanicarse con ellas.

A veces, entre Google Maps y datos que no me funcionan, miro para atrás y no sé si lo que ando tiene mucho sentido.

Me pregunto si habrá alguien que me vea de lejos y, de casualidad, se acerque, me mire como lo hacen los ojos curiosos de los niñxs y me diga que, si yo quiero, me quede ahí porque, por causalidad, ya he llegado.

GUERRA FRÍA

Somos de tira y afloja, de acercarme sin pensar, de irte corriendo, de no avisar. De volver de nuevo. Somos de ganas incansables. De sin sentidos y vueltas a empezar. De guerras frías entre cuatro pupilas que no se deciden a atacar.

Somos de cordeles irrompibles, de manos enrojecidas, cansadas de aguantar, sin agallas suficientes para soltar. El futuro, nuestras expectativas, las ganas de conquistar cuando amenazamos con la tercera guerra mundial. La paz, con cuenta atrás que empieza tras cada mediación.

Ocho te odios.
Once te mataría
y…vuelta a besar.

El envoltorio con sello de 'te lo dije' firmado por mamá. Kharma, maldito seas. Nos engañas al despedirnos, pensando que por fin acabará, a pesar de que, en el fondo sabemos, es cuestión de tiempo que volvamos a atacar.

Es la condena que nos puso la vida por jugar con fuego, cuando mojadxs, no sentíamos el incendio quemar. Mira que nos lo dijimos a nosotrxs mismxs: 'Haz caso a tu corazonada. Reflexiona antes de avanzar más. Esto puede salir muy bien o acabar realmente mal'.

Y mientras tanto aquí seguimos, con las mismas ganas de arder que de resucitar, dependiendo del día y la munición a cargar. A veces la usaríamos, otras, en cambio, preferimos obviarla y dejarnos llevar.

EN BOCA CERRADA NO ENTRAN MOSCAS, PERO TAMPOCO AIRE

Si he aprendido algo entre palo, caída, palo y subida es que tengo que intentar no olvidar decir lo que por la cabeza se me pasa. Expresar lo que siento porque cómo me siento tiene muchos colores que no se entienden con la boca cerrada. Sea de la forma que sea.

Aunque crea que ya no se pueda. Eso fue ayer. Hoy es ahora. Ahora es lo que decido ser. Nunca dejéis de ser valientes. Siempre que podáis sed verdad, metéoslo en la mente. Os lo aconsejo yo (jaja), la menos indicada, que con un teclado en las manos lo ve todo de forma distorsionada.

Mi *petit comité*, yo también escondí cosas que se me quedaron atrapadas en la garganta. Me temblaban las piernas, me sudaban las manos, me daba la risa floja y la mirada iba de punto a punto sin sentido, ni gracia. Luego escuecen, molestan y dañan a la hora de querer sacarlas, porque ya no sirven. Han caducado.

Podréis crearlas en otras situaciones o contextos. Pero no volverán las que al filo de los labios se estacaron y no fueron besadas. Intentadlo si no me creéis.

Probad a decir 'te quiero', 'lo siento', 'te perdono' o 'gracias' a personas que no les corresponden esas palabras. No tienen el mismo sentido (si es que lo tiene) cuando sabes que el tiempo no espera ni se para.

Ya vamos teniendo una edad, no va ligada con madurez, pero debería de estarlo con personalidad. Así que no tengáis miedo del después. Os prometo que la mayoría de las veces os alegraréis y, si no es así, no pasa nada. Os aseguro que tampoco lo estaréis si os escondéis.

Nada es demasiado poco para conformarse para siempre. Siempre es demasiado tiempo para obtener solo nada.

PIEZAS DE TI

Ahora que en estas fechas tenemos un poco más de tiempo quiero que me cuentes la historia de cómo comenzó todo. Por qué no te gusta lo común, los conformistas y qué fue lo que hizo que escaparas de tu zona de confort.

Quiero conocer la historia que hay detrás de lo que ven a simple vista cuando te miran. Que me cuentes cuándo empezaste a saber quién eras y lo que te caracterizaba. Cómo subrayaste con rojo aquello que te hacía diferente a los demás y por qué tachaste lo que te acompañó durante tanto tiempo, pero ya no te representa.

Quiero conocerte sin likes, representados con un corazón de mentira. Que para haber avanzado la vida tanto todavía no han conseguido representar el colapso que es encontrarse contigo.

Sin dobles intenciones camufladas de honestidad, ni hombros acomplejados que miran por encima sin encontrar nada a su altura. Aquí ya no estamos para eso. Ya no.

Porque nos encantan lxs valientes que se atreven con todo y que siempre, siempre, eligen la anécdota a la duda. Lxs que llevan en la frente la palabra honestidad, bailándola con orgullo.

Cuéntame cómo eras y cómo has evolucionado. Qué queda en ti de tu niñez y qué has ido adquiriendo con los años y los daños. Puede que lo mejor de nuestro año estuviera en el último peldaño, esperando con impaciencia a que nos decidiéramos por fin.

EL TRAMPERO Y SU PRESA

La tormenta eras tú cuando hablabas sin pelos en la lengua, cagándola como siempre, haciéndome reír porque era la ocurrencia más desafortunada que había escuchado jamás.

Y, mírame, yo intentando olvidar todas las cosas que quería decirte para no tenerte en la punta de la lengua y tú soltándolas para que no pudiera hacer otra cosa más que lanzarme a por ellas. Como un trampero a su presa, dándole cariño mientras se la come.

Habías cometido todos los errores del mundo cada domingo al anochecer y, perdona, pero yo a eso no lo puedo llamar fracaso. Lo llamo por tu nombre.

Te he hecho llorar y reír. Me has hecho reír y llorar. Podríamos habernos divertido sin hacer trizas el desastre. (¿?) Por eso no había más desenlace posible que el de que nos odiemos y nos queramos al mismo nivel. Perdón, estaba hablando en pasado, pero, como siempre al cruzarte, lo desbaratas todo. ¿Tú lo entiendes? Yo tampoco.

A veces pienso en lo estúpidamente perfecto que hubiera quedado todo con solo un poquito más de paciencia, con hambre de primer día, una pizca de enfados tontos con sabor a reconciliación precoz, dos hielos para enfriar el ambiente cuando hubiera alerta roja por altas temperaturas y quedarnos todas las ganas del mundo cada vez que quisieran irse a otro lado.

¡Eeeh! ¿A dónde van las malditas? Son nuestras hasta que se demuestre lo contrario.

ENGANCHAOS

Daños.

Los de aquellas manos que se desgastan de dar tanto a unos dedos que no paran de arañar. Pedruscos caprichosos que no cesan de abarcar los tobillos más bonitos de la plaza de España.

Errores.

Los que cometieron unos pies confusos a la hora de cruzar en rojo por el paso de cebra más peligroso, al darse cuenta de que perdían unos pasos que no volverían a ver. Con un beso en cada franja blanca y en las oscuras, dos. Porque las reglas que se inventaron lo exigían.

Recuerdos.

Los de aquellas piernas mostrando que, a veces, las medias noches de un fin de semana son tan adictivas como peligrosas. Como un cigarro por la mañana sin desayunar. Tenemos veintitantos y ya nos hemos sentido vencidxs demasiadas veces. Kamikazes, deberíamos llamarnos. Y es cierto que lo somos. El principio de una bomba que no para de sonar.

3, 2, 1...

¡BOOM!

Y, otra vez, el temporizador.

¿Esta nuestra generación es idiota por no dejar de estamparse sin mirar o la más feliz porque siempre hacemos lo que queremos y nunca nos quedamos con la duda del '¿y si...?' La verdad es que el 'por qué no' siempre nos ha pesado más.

TODO OK

Suele pasar que sabemos lo que queremos decir, pero no sabemos cómo decirlo. Para que parezca que es menos y somos más. Lo llamamos de mil formas diferentes para maquillar con ahumados la verdad de toda la vida.

Un café pendiente con mucho hielo, para que no nos olvidemos de dejar las cosas frías. Un nudo en la garganta que no queremos que apriete, pero no sabemos cómo deshacer.

Unas mariposas que se han colado por las ramas de nuestro estómago y no hay manera de quitárnoslas de encima. ¿Será que somos flores?

Aquí va el intento número XXX.

De mí.

Para todxs aquellxs que se quedaron esperando en una puerta que parecía iba a abrirse y, al final, la cerraron de un portazo.

Por todxs aquellxs que dudaron demasiado tiempo en abrirla y luego resulta que estaba sin pestillo: Por eso, (Te) lo (quiero) decir hoy. Por si alguna vez se me hace tarde y no puedo. Un día empecé a – pero nunca te lo dije. Y si lo hice, no fue un buen momento.

Pero si lo prefieres, estaba bromeando, a ver cómo reaccionabas, que tampoco es tan así, es que no se me ocurría otras palabras para expresar que me caes muy bien y que, por mí, seguimos en esas.

LA FLECHA DIRECTA AL BLANCO DE LA DIANA

Somos las decisiones que tomamos y todo lo que dejamos de hacer. Somos los sueños que teníamos de niños y, a día de hoy, seguimos en primera línea de tiro intentando darle al blanco. Unos días más cerca, otros días con un cartel en la frente con la palabra 'HELP', a lo internacional, con luces reflectantes por si alguien pasa por la zona.

Hasta que decidimos quitárnoslo y ver qué pasa si nadie viene a rescatarnos. Y, de camino, si tenemos que irnos, pues nos vamos. Aunque no sepamos dónde.

Con la certeza de que no nos vamos ni empezamos a cambiar cuando lo hacemos. Porque si algo tienen en común el irse y el cambiar es que lo hacemos en el momento que, por primera vez, pensamos en ello.

A UNA PAUSA DE DISTANCIA

Supongo que, por mucho que lo neguemos, cuando pensamos que hemos encontrado a la persona, pero no el momento, esperamos. Puede que no toda la vida, ni en todas las circunstancias, pero lo hacemos. A escondidas, en silencio.

Porque, sea verdad o no, para nosotrxs, esa persona sí, pero este momento no.

Creo que somos, indiscutiblemente, unos idealistas cobardes con ganas de vernos triunfar, que se autoetiquetan como idiotas por hacer algo así.

A la mierda.

...

(Aunque, si me preguntarais ahora, creo, fervientemente, que cuando es la persona, indudablemente, es el momento).

NÜSHVEK

Mis pensamientos negativos siguen siendo negativos. Aunque cuanto más me esfuerzo en apartarlos, más de ellos me río. Respecto a mis miedos siguen llamándose miedos. Pero al decirlos en voz alta noto que me acojonan menos. Y son más pequeños.

Porque he encontrado dos líneas, irregulares, diferentes y, al hacer una chapuza, casi pasan por un círculo perfecto. No sé si me entiendes. Pero eso que llaman complejo apenas lo tengo desde que sonrío cuando me encuentro con mi reflejo. Me abrazo y me hablo bonito.

Antes de nada, disculpas de antemano, no es egocentrismo, se llama amor aplicado a unx mismx. Que a veces lo olvidamos y no creeréis los resultados que he obtenido. Hace bastante tiempo que no necesito que nadie me diga que soy esto y no lo otro. Más o menos válida. Yo sé que puedo, yo sé lo que hago.

No se llega al éxito solo por el talento, se llega por echarle ovarios cuando es necesario. Parece fácil, aunque ya sabemos que no lo es tanto. Dejad de pensar en eso. Tan solo seguid *pa'lante*. Creedme cuando os digo que ya tenéis más de medio recorrido hecho y el trazo que os queda es cuesta abajo. Cuando elegimos correr en una maratón por voluntad propia, la meta la cosemos con nuestras manos.

Lo bueno de las dos líneas del principio es que al ser irregulares podemos jugar con ellas cada vez que queramos. Yo decido que hoy formen un *tick*, simplemente por el deseo de querer intentarlo. Mañana ya se verá, aunque me encontraré más lejos, hacedme caso.

No elijáis trincheras ni atajos, esa es la letra pequeña con tinta de engaño. Independientemente de lo que se pueda pensar, una batalla está ganada desde que se da el primer paso.

NATSUKASHI

(Origen japonés) Nostalgia agradable de algo que recuerdas con cariño, que te hizo feliz y, el mero de hecho de volver a tener presente, ya te hace sentir bien.

LAS GENTES DE MI ANDALUCÍA

Desde que has *llegao* no paran de gritarte *apañá*. Eso en mi tierra significa que lo tienes *tó*. *Tó* lo bueno y sin forzar *ná*. Porque viene de fábrica y fluye solo cuando te pones a hablar.

Al corrillo que se forma (porque se va a formar) los diriges por control remoto cada vez que de una esquina a otra vas. El encanto moruno, no hay más.

¡Qué gracia y qué porte! Vaya andaluza la que nos ha traído el azar. Hace cien años te quemarían en la hoguera por guapa, bruja y hechicera. Que esos ojos respiran solos y esas manos se las rifaría cualquiera.

¡Chiquilla, vaya duende! Y el que no lo entienda que se quite de la cola, *pa'* ponerme yo a tu vera. Que esto es Andalucía, tierra musulmana, cultura cristiana, risas en las esquinas, besos en todas partes. Luces en las paredes, lunares que nunca mueren. Artistas que son historia, reuniones familiares (aquí familia son los buenxs amigxs, no los de *to* la vida, sino de los que nunca te olvidas, pase el tiempo que pase).

Hombres coquetos, mujeres con labia. El salero de la gente, aquel que tanto se entabla. Sabiduría en los refraneros, guitarras que cantan, gente noble y conversaciones hasta el alba.

Esas playas, esos campos, el desierto y la nieve. Le pusimos hasta nombre como *to* lo que se quiere. Huelva, Córdoba, Jaén y Sevilla. Cádiz, Málaga, *Graná* y Almería. La clave estaba en coger de *to* un poco, de aquí y de allá, *pa'* ponerlo revuelto ¡y que pasara lo que tuviera que pasar!

Romerías por doquier con sus flores y su música, con sus santos y carruajes. Churros *pa'* desayunar, cervesita *pa'* despejarse, gazpacho *pa'* volver a empezar, mojitadas y otra vez a *enrearse*. Si esto da igual, no hay manera, nos gusta más la calle que El Barrio en una feria. Quédate conmigo, flamenca, que vamos a ser la envidia de *tos* los que se vayan y de *tos* los que vengan.

¡Ay! ¡Si es que vuelves locx a cualquiera! Créete a una pobre sin vergüenza, con el don del habla a cuestas. La picaresca española, la llaman. ¿Que qué es eso?

Eso es tener bajo poder el secreto de que lo que hay de aquí *pa'* bajo no se ve de aquí *pa'* fuera. No es cuento, sino historia, en los libros escrita queda.

Es algo que por mucho que expliquemos será *pa' ná*. Hay que vivirlo *pa'* sentir lo que es Andalucía, su gente y su tierra.

Y no es porque lo diga yo, que ya sé que feo queda. Es que estoy segura de que cuando pises su suelo desearás que dure la vida entera.

7 AULLIDOS

Loba, te llamaban. Porque eras líder y camino. Impulso animal, anhelo femenino. Las huellas que, inevitablemente, eran seguidas sin que se lo pidieras a nadie, aunque supieras que acabaríais perdiéndoos.

Loba. Al derecho, de espaldas, en el espejo y del revés. De garras con manicura francesa, carmesí corrido y tú también. Cicatrices de piercings entre los dientes. Mordida fiera por cada pata que te encontraras.

Loba de las de hoy. Sin pelos en la lengua y colmillos de anuncio en caso de ataque gratuito por juzgar la especie de origen. De las que se agachan por debajo del macho si huelen a peligro, para proteger su cuello.

Con carta de dimisión para un tal Charles Perrault porque quiso seguir un cuento que quedó un poco *old school*, sin líneas torcidas que le daban emoción y verdad al conflicto de la historia.

Loba siempre fue más de colorear fuera de los bordes, de recortar el dibujo y hacer arte con los trozos azarosos que cogía de cada parte.

Boba, te llamaban los alexitímicos.
Bomba, los del miedo a arder, hasta que se cruzaban contigo cada luna llena con poco frío entre medias.

Veintiocho días.
Tres lunas grandes.
Siete aullidos.

Aunque con el primero bastaba, siempre fuiste de llamar a la buena suerte.

Nunca fue tu aspecto, sino la garra.
Nunca fue tu fuerza, sino la maña.
No es el nombre que llevabas, era cómo lo usabas.

Que Loba era piscis y nadie se lo esperaba.
Que Loba sentía nostalgia, pero solo se lo permitía cuando no la observaban.

Loba, veintiocho meses buscándote y tú en el veintinueve del segundo haciendo de las tuyas.

La historia de un cuento inenarrable donde todavía siguen pensando (te) que las cicatrices más dolorosas son también, inevitablemente, las más codiciables.

Aauuuuuhh.

LA TRIBU

Me gustan las personas que miden las cosas que hacen por las ganas que tienen, no porque se sienten obligadxs o comprometidxs a hacerlas. Me gustan las que nunca dudan en preguntar cuando tienen una duda. Las que no responden si no saben y las que no asienten si no entendieron.

Las que, después de pensarlo mucho y bien, tienen sus metas claras y todos los días se esfuerzan por estar un poquito más cerca. Las que viajan y hablan sobre dónde son y, cuando vuelven, me cuentan cuándo se acordaron de mí.

Las que la palabra tabú les parece un tabú y se abren emocionalmente cuando tienen la necesidad de hacerlo. Las que hablan mucho y envían audios largos contándome mis nuevas historias favoritas. Pero, al mismo tiempo, no le temen al silencio. Las que saben escuchar, sobre todo lo que es difícil oír. Al igual que las que saben ver donde los demás sólo miran.

Me gustan las mujeres y los hombres que les gustan hombres y mujeres todo el rato, como ellxs quieran. Son las mismas que me han enseñado que el amor es libre (no libertinaje). Y si es libre, es sano.

Me fascinan las personas que se descubren y enamoran de ellas mismas y las que hacen que yo haga igual conmigo, enseñándome a mirarme como ellxs siempre me vieron.

Lxs que me aportan luz cuando están cerca y dopamina cuando están lejos.

Lxs que han hecho que hoy yo sea una mezcla de todxs, sin saber muy bien dónde empiezo yo y dónde terminan ellxs.

Por eso, estoy completamente convencida de que los verdaderos amores de nuestra vida siempre, siempre, siempre serán nuestrxs amigxs. No tengo dudas y sí un montón de pruebas.

Por eso, me quedo aquí, con mis tribus. Y es que una siempre quiere formar parte de los lugares donde siente que encaja a la perfección.

AL PIE DE LA SIERRA

Mi hogar era mi abuela yendo al mercado cada martes. Mi abuelo cortando el pan. Mi madre cosiendo ese vestido de revista. Mi padre partiendo almendras, mientras regaña a Oreo porque se va a empachar mientras yo pienso qué suerte tengo.

El pueblo bonito con un mar en pequeño y barcas ligeras. Un mantel de plástico con aceitunas de la tierra. Cada cinco de agosto. El cocido, la pipirrana, las migas, la *ensalá*.

Hogar es cuando sé dónde están todos los interruptores y donde llamo a las cosas como solo allí lo hacen, sin que haga falta decir más *ná*. Como cuando saludo levantando la cabeza y me entienden a la perfección.

Es el *quejío* que llevo a cuestas cuando estoy lejos de casa y las botellas verdes con olor a oro líquido, a modo de regalo. Es andar al compás de unas palmas que me resuenan por dentro, con el eco de mi pueblo retumbando por las esquinas.

Los reencuentros en verano, los lunares que vestimos, LAS HISTORIAS que nos pasan, (así, en mayúscula), deberían de ser lectura obligatoria en todos los amighabitats. Hogar es una bienvenida continúa y un adiós sin despedida.

Lo bueno de que yo me vaya y vosotrxs sigáis donde siempre es que, cuando vuelva, habrás cosas que ya no estén y, al mismo tiempo, nada habrá cambiado, tan solo nos habremos echado de menos.

Y eso, eso sí es tener suerte.

LA CURIOSIDAD DE LA GATA

Nos han avasallado con miradas puñal, lenguas afiladas y palabras bala. En noches inacabables y en mañanas que no queríamos que empezaran nunca. Con dientes salivosos y labia mentirosa en cada ángulo corporal, pero tan adicta... Que, a veces, la dejábamos pintada en nosotrxs como recuerdo de lo frenético.

Nos han lamido las ilusiones y hurgado en la llaga de los miedos. Convirtiéndonos en enganchadxs de esa boca animal, que nos hizo confundir el daño con el placer. Nos han saboreado de tantas formas que ya no sabemos si quieren comernos o devorarnos.

Que levante la mano quien no esté esperando el próximo ataque. Porque yo me muero por ser gata de nuevo y...
-6 vidas.

TAL PARA CUAL

Pensábamos que lo teníamos todo claro, pero nos vimos y nos llenamos de preguntas. Y, al final, terminamos engañándonos tan bonito como solo aquellxs expertxs sinvergüenzas, carentes de remordimiento saben hacerlo.

De nariz a nariz, un choque por la longitud de nuestras mentiras.

De lengua a lengua, el veneno en cada lamida.
De pupila a pupila, buscábamos al otro.
De dedos a cadera, encontrábamos la verdad.
De pecho a cabeza, lidiábamos con nuestros miedos.

HIPÓTESIS

Imaginemos que ya no habla de ti. Que no quiere correr más para alcanzarte porque se ha cansado de ir siempre atrás. Que ya no apareces en cada nota de aquel violinista de la esquina en la que nunca os bailásteis, pero siempre echabais una moneda por si acaso os cumplíais.

Imaginemos que se cuelan sonrisas en comisuras ajenas mientras escuchan vuestra historia, o la de su cabeza. Que piensa en ti cuando dice que a ese banco le faltaba un beso para hacerlo especial del todo y que el camino estaba cortado hasta que no insistías en acompañarla de vuelta.

Supongamos que al café solo todavía no le había pillado el punto, que tu serie favorita era aburrida y tus amigos unos muermos. Que tus chistes no eran graciosos y tu plato estrella tampoco sabía tan bien, pero hacía el esfuerzo para verte contento porque pensabas que ella lo estaba.

Imaginemos que no se le ha quedado incrustada esa manía tuya a la que le tenía tanta rabia y ahora le sale de forma automática. Supongamos que todas las casualidades eran casuales. Que el destino era un humorista con caracterización de la buena y que nunca trucó los planes para coincidir.

Que ahora le gusta pasear por aquel sitio sola para saber cómo se vive la vida a 80 pulsaciones de tranquilidad, mientras se dice que así todo está mejor. Digamos que ya se le ha olvidado hasta tu nombre. Aunque, cuando oye a alguien que lo pronuncia, solo a veces, me giro, perdón, se gira, para comprobar si estás aquí de nuevo.

PEROS SIN PEROS

Manos manchadas de caricias que no se cansaban de calmar peros. Pero, el pero es algo tan rudo que por mucho que lo roces no se amolda con facilidad.

Tócame, pero sin que me rompas.
Pero, aunque me rompas, tócame.

Ya nos ocuparemos de las bajas a media noche.

BESTIE

Me gustas porque eres de risa fácil, de las que se ríe con las ocurrencias malas e improvisadas, creando una banda sonora de eso. (El sonido del amor también es el del humor). De las que, aunque no lo busque, acabo riéndome yo también (la base del sonido del amor, que es el de las amigas que te siguen).

Me enseñas tanto que ni en cien años podrías imaginarlo todo (y sigues haciéndolo cada vez que te veo). Te admiro. Estoy convencida de que eso es el querer, porque se puede querer a mucha gente y siempre será de forma diferente (como nuestro pelo, dependiendo de la hora del día que sea).

Se nos acelera la alegría cada vez que sabemos la una de la otra y, no hay suerte más grande que la de tener a alguien que saque lo mejor de ti, sin que haga falta pedirlo o que tengan que esforzarse por ello.

Amigas como tú siempre aparecen como artículo agotado que solo unas cuantas afortunadas han podido llevárselo a casa. Y yo te tengo en la mía todos los días, porque está hecha de trozos de ti.

Soy la mejor versión de mí misma desde que te encontré y nos reímos, mientras arreglábamos el mundo, por primera vez.

Te mucho, bestie. Eres mi Amighabitat.

UNA MUJER COMO ¿YO?

De pequeña soñaba con una mujer que tuviera semáforos. Muchos. Todos ellos en verde para que siempre tuviera el camino libre para ir donde quisiera. Una mujer sin atascos, pero con los stops necesarios para que hiciera paradas cada vez que se sintiera perdida. Que llevara en su frente un cartel de color rosa, bien merecido por ser monumento, arte e historia.

De color marrón, para que pudiera aprender toda la geografía de su cuerpo, y no ir, esta vez, a septiembre, habiendo pseudo-aprendido cosas en reels de Instagram.

De color amarillo, porque me la imaginaba siendo destino de interés para todxs aquellxs que nunca la hubieran visto en persona.

Una mujer que no tuviera límites de velocidad. Que, si los lunes le costaban un poquito más, metiera quinta sin problema.

Una mujer contradictoria y que eso fuera algo bueno, para que cambiara, si quisiera, de destino, decisión, frecuencia de radio o ideas, las veces que fuera preciso.

Soñaba con aquella que no le gustara ser dirección prohibida, sino señal de obligación para que nunca tuviera otra opción que la de seguir hacia delante y elemento luminoso para que nunca perdiera el norte, ni se perdiera a ella.

Que fuera asfalto, paso de cebra, puente, rotonda, y carretera. La flecha roja de 'usted se encuentra aquí' y estuviera justo donde quería llegar.

SHOGANAI

(Origen japonés) Aceptar la vida como se nos presenta, aquello que no podemos cambiar o solucionar. Es la mejor manera de seguir hacia delante.

LOS BESOS DEL REVÉS

El chiste sin risas, el llanto aquel, las vueltas que dimos, el beso del revés (el que yo quise antes y cuando me vino, lo regalé). Lo casi dicho, lo casi hecho, a donde fuimos y los arrepentimientos. El corazón en llamas que se apagó de tanto arder. La leña que no echaste y la que echas ahora. Tu verás, yo qué sé.

La caja fuerte siendo iceberg.
El hielo derretido. (Ni sabía lo que tenía que hacer).
Las palabras veneno.
Los pensamientos guerrilleros.
Los síntomas extremos.
Las cosas que no entendía.
La hermética despedida.
La maleta en el suelo.
Los juicios con ego.
Las mentiras descaradas.
El dedo que señala, pensando que de la familia es el que le acompaña.
El tiempo que pasa.
La cura que llega.
Rezos de gratitud por los Santxs Amigxs que nos tocan con su gracia.
Fortuito reencuentro.
Pestañas que se fueron, conquistando, de nuevo.
Pensamientos taconeando.
Recuerdos golpeando, otra vez, idealizando.
Espera, espera. Esa red flag se está alzando.
Alarmas sonando. Alerta extrema por narcisista merodeando.

Si siempre fui diestra, ¿por qué no fui antes por mi derecha?

Supongo que GRACIAS.

Por no haberme cuidado más. Por arañarme las entrañas. Por no querer bailarme y si lo intentabas, siempre del revés. Por hacer ese papel, por no coger la responsabilidad que te tocaba.

Te fuiste a tiempo, aunque yo no lo supe ver.

Era el momento en el que estaba preparada para vivir de nuevo fuera de la jaula. Ahora sé que quien tiene alas debe descansar lo justo en la rama trucada.

A CARA O CRUZ

Después de tus chuzos de punta recorriéndote las mejillas, me pregunté si serías capaz de apostar con una moneda todo lo que tienes por todo lo que quieres.

Si sale cara, de cara con lo que venga, tus anhelos materializados al alcance de un trozo de cobre.

Si sale cruz, cruce de dedos. El juego de tu vida. La vida en ¿o es? un juego de azar.

Aventurera, en ese momento, más que ganas, lo que noté eran los latidos del miedo.

Es la relevancia de lo relativo. Porque hay veces, más de las que creemos, que deseamos el deseo mucho más que la posibilidad de conseguirlo.

VORÁGINES

Me ha llevado la vorágine queriendo que lo hiciera en una necesidad temporal de sentir que surfeaba por sitios que yo qué se. Pseudo-mochilera en tierras nuevas. Y de tan nuevas que era, entre perdida y pérdida me extravié.

'Creo que pensé sin pensar', repetía mi cabeza, hablando con ella misma como hobby habitual.

Lo malo de las vorágines no es que te lleven. Lo malo es que tienes que volver atrás. Porque, ya os digo yo, que una nunca se quiere quedar demasiado tiempo en un sitio donde no se encuentra, ni se reconoce, ni se identifica con casi *ná*.

Cuidado con lo que se desea, amigxs. Que lo peor no es que nunca se cumpla. Lo peor es que llegue de una forma en la que luego te arrepientas de no haber formulado bien la petición, en un arrebato de querer arreglar nuestro mundo cuando, tan mal, no estaba en realidad.

Entonces, la pregunta supongo que sería (si es que la hubiera): ¿Me voy, aunque no sepa dónde, o me quedo a ver qué pasa y ya estaría?

Seguramente... nada. Porque la gracia sin gracia es que estando donde estamos ya ha pasado lo que tenía que pasar. Y con un buen meneo de vórtice acabas mareada, pero todo lo que sobra se va.

TEASER

Una mirada.

Dos sonrisas.

Tres personas.

Cuatro quizás.

Cinco mariposas.

Seis stories.

Siete indirectas.

Ocho reacciones.

Nueve quiero verte.

Diez polvos.

Once *ticks*. Azules.

Doce pajas. Mentales.

Trece excusas.

Catorce sueños.

Quince preguntas.

Dieciséis *te encontré*.

Diecisiete *quédate*.

Dieciocho silencios.

Diecinueve complejos.

Veinte 'amigxs' nuevxs.

Ventuno amori.

Veintidós velas en el extranjero.

Veintitrés aventuras.

Veinticuatro cárceles de papel.

Veinticinco *casis*.

Veintiséis *piénsatelo*.

Veintisiete *me estoy pensando*.

Veintiochos *ahora no, porque ahora yo sí.*

SI LA DICHA ES BUENA

Eras ese sí, pero no. Aquello que pasó, pero nunca terminó o, tal vez, jamás llegó a empezar del todo. No sé.

Soy ese 'no, ¿pero y si...?' Qué más da. Retrasamos la alarma hasta que la apagamos y ahora es más tarde que nunca.

Seguramente no soldamos bien los pilares que nos sujetaban y, poco a poco, los dedos dejaron de entrelazarse con las mismas ganas. Somos nuestro propio paseo de la vergüenza, nuestro chasco más grande, el fracaso sin media vuelta a empezar o a volverlo a intentar.

Y ya no tengo nada que contarte cuando nos vemos, porque cuando nos vemos no hay quién nos reconozca. Pero, te diré solo una vez que, si hubiéramos podido hacerlo todo mejor, no habrías sido mi primero, puede, que tampoco mi último, pero nos hubiéramos eternizado más, sin este sabor a inacabado.

(Queda por escrito en caso de querer firmar, y, por ende, estar de acuerdo con lo dicho, el secreto de confesión tardía sin compromiso de pérdidas emocionales debido a fecha de caducidad).

Tan tarde, tan nunca.

Aunque, nunca es demasiado tarde, si la dicha es buena.

CAMALEONES

Algunxs dicen que huir es de cobardes.

Otrxs, que es de sabios saber cuándo marcharse.

Yo solía pensar que el quedarse era cosa de valientes y, otras tantas, de buena persona con escasez de desengaños.

Que las personas se iban porque querían irse o se iban porque no sabían cómo estar, la diferencia entre saber qué darse o saber quedarse era unx mismx.

Y ya está.
Pero no.
Porque no había contado con aquellxs que no podían elegir.

Por mucho que duela, no se comparta o no se entienda, supongo que la clave está en aceptar lo que no podemos cambiar desde dentro, porque la cerradura está por fuera y esas llaves no son nuestras.

Y decidir lo que nosotrxs, solo nosotrxs, en realidad, queremos hacer.

LOS ABRAZOS SUSTITUTOS

Sé que andas últimamente un poco cabizbajo, que ahora los chistes suenan a historias con poca gracia, que encuentras tu mano vacía cuando miras entre los huecos de los dedos y que echas de menos a quien te sabía hacer tus cosquillas favoritas.

Sé que oyes el sonido del caos sin adentrarte en él, porque sabes escuchar la vocecita de la razón. Que la locura te parece atractiva y la pena un ser interesante. Pero ni entras en la locura ni te acercas al extremo, aunque le lloras de frente para que sienta que la entiendes y no la temes.

Te toco ahí, justo en el miocardio, porque hay días que no hace falta contestar cuando nos preguntan cómo estamos.

(Te) quiero decir que eres un valiente, que lleva escrito en la frente lo mucho que va con todo. Como cuando te pones a bailar esa canción de bachata que tanto te gusta, con pasos de *contem* y piensas que, por qué no.

Alguien dijo que echarse de menos es otra forma de querer. Otra forma de querer es saber decir adiós, aunque quisiéramos quedarnos un ratito más.

Por si te sirve de algo yo me quedo contigo, amigo, hasta que tú quieras. Y un poquito más, por si acaso sabe a poco.

AL OTRO LADO

Huecos. Vacíos, rotos, inacabados.
Futuros. Nada claros, idealizados, equivocados.
Esfuerzos. Fallidos, nulos.
Deseos. No cumplidos.
Palabras. Mudas, agramaticales.
División de dos que nunca llegaron a ser uno.
Miedo. A encontrarse.
Ganas. De no volverlo a intentar.
Realidad. Cuando dos ojos se dejan de mirar
ya no se vuelven a encontrar.

FRAGANCIA A 45°

Tenía piernas de pasarela con las mismas dimensiones que el pasillo de tu casa, sonrisa de anuncio con previsiones de tormenta y enseñaba las curvas cuando se ponía a perrear.

Angelito guerrillera con tacones de aguja y fragancia a 45°. Era la insumisión jefa y tú el trotamundos recién llegado, sin embargo, se convirtió en tu misión favorita sin dudas de conquista.

A eso le llamo yo un buen caso de homicidio pasional hecho poesía moderna.

EL CÍRCULO Y EL CUADRADO

Ha pasado un tiempo desde que no os veis, pero os seguís observando. Lo sabéis. Aunque no os digáis nada. Porque el tiempo pasa, pero hay cosas que nunca cambian, como la forma de comportarse cuando pierdes a alguien y no hay nadie mirándote.

Hace ya bastante desde que no sois. Cuando Círculo cogía dos autobuses para ver a Cuadrado, mientras esperaba en casa para ver una peli y 'como se ha hecho tarde, quédate a dormir, si quieres'.

Como el que no se ha dado cuenta de que hay ya un pijama que es suyo, un cepillo de dientes extra en el baño y sus horquillas marcando territorio en cada esquina de la casa.

Había días que os aliviabais, otros que os apisonabais, dejando entrever que nunca seríais para vosotrxs.
Cuadrado quería recomponerse.
Círculo, ilusionarse.
Y no había manera de encontrar la hipotenusa.
Entonces, pasó lo que pasó.
Cómo no iba a pasar.
Si os gustaban más los líos que a quien cose.

Fue más tarde cuando entendisteis que una pieza con forma de círculo y otra con forma de cuadrado encajaban, pero sólo si las metíais a la fuerza.

Parece que os habéis olvidado, pero nah…
Tan solo habéis dejado de llamaros en voz alta.

NANKURUNAISA

(Origen japonés) Todo va a estar bien. No olvides quién eres.

LA NORIA

Si tengo que pararme a pensar qué me define como persona podría decirte muchas cosas y a la vez, sería siempre más. Noria que gira intermitentemente.

Arriba, duda.   Arriba, expectativas.   Arriba, artista.

   Abajo, seguridad.   Abajo, oscuridad.

       Abajo, el intento de llegar.

Soy unos lagrimales que no evitan el colarse de agua sal con cosas bonitas y cursis de las que, solo a veces, me da vergüenza aceptar. Soy el nudo en la garganta cuando estoy delante de alguien que me impone y una lengua que cuando se siente cómoda no sabe lo que es callar.

Soy unas caderas que dan vida y unas curvas que quitan inmortalidad. Soy palabras feas e injustas que salen de mí para mí en momentos de vulnerabilidad y las palmaditas con arte cuando me digo que tampoco lo estoy haciendo tan mal.

Soy mente soñadora, corazón intenso y mirada espiritual. He aprendido a ser mi amiga (cuán importante siempre eso será), mi amante, mi historia favorita. Soy el mejor beso del mundo y, al mismo tiempo, ese que nunca volverías a dar. Soy alguien que siempre ha querido ser muchas cosas y las está materializando, muy poco a poco, aunque sin parar.

Soy de las que le encanta encontrarle el nombre a lo que sucede, pero sabe que el trabajo de los adjetivos es limitar. Por eso, soy.

Sin más. Y me agradezco poder ser y poder estar. Porque una no elige donde nace, la familia ni la potestad. Pero una sí decide lo que quiere hacer con eso y convertirlo en lo que lo quiera transformar.

Yo hoy elijo que lo que me define como persona es aquello que conozco sobre mí misma pero, sobre todo, lo que todavía está por llegar. Por eso creo que esa noria, a veces arriba y otras abajo, encuentra el punto exacto entre quién soy y la niña que imaginaba a la adulta años atrás.

LENGUA DE SIGNOS

Descubriendo latitudes, acallando al eco, que le da por hablar a gritos cuando más tranquilidad necesitamos.

Sonreíd, labios. A ver si desde arriba lo ven y se lo tragan entre tanto pelo bonito.

Metamorfosis caótica.
De leona a cachorrilla.
Intento de.

'No sé en qué besaría pensando', pensamos.

Creedme, os entiendo. Os creo, sé que me entendéis.

Que hay días que no tenemos ni ganas,
ni balas,
ni fuerzas,
ni ovarios,
ni mente,
ni pies que muevan nada.

Hay veces que nos preguntamos qué nos pasa y lo entendemos cuando nos rozamos el corazón.

MI YO Y MI RO

Cada vez estoy más convencida de que lo mejor es que nos llevemos (muy) bien.

Tú y yo.
Yo y yo.
Tú y Ro.

Que sí, que nada es tan sincero como un impulso, si ya nos conocemos. Pero, intenta respirar hasta diez antes de hacer algo que más tarde no tenga freno.

Ya sé dónde flaqueas, conozco tus secretos. Eres aire y eres fuego. Pero también eres tierra con agua en una tarde de invierno.

Si me pidiera un deseo, a mí y a ti, me digo, señalándome con el dedo, pediría que siguieras así, que ya has iniciado el vuelo.

Pensabas que lo complicado era eso pero, en realidad, es no caerse de bruces y, al mismo tiempo, mantenerse en el suelo.

El interruptor de la luz está debajo del segundo rizo, encima del lunar de la oreja derecha. Quizás así, puedas evitar el tropiezo.

Un día truqué el automático para que siempre se encendiera el tope, por las dudas de cuánto podías abarcar. (Toda la ciudad si quieres y la de quien te quiera vacilar).

El *mood* de belleza en todo te han ayudado a activarlo. Ese era el toque que faltaba. (Gracias, personitas bellas, habéis hecho la magia).

Nueva mejor amiga, enciéndete la luz, por si no te ven, empieza a hacerlo tú.

Ro, sabes que te lo digo a ti, mientras me señalo yo.

ADICTOS A LAS MARIPOSAS

Si me preguntas por mi nombre, me llamo como quieras. Si me regalas flores elijo las margaritas que truqué para que me salieras siempre que sí.

Que noes ya no me quedan, los gasté de seguido. Y cómo me alegro.

Si te preguntas cuál es mi palabra favorita... Ahí me has pillado. A alguien que adora la oratoria no puedes hacerle esa jugarreta, aunque podría quedar bien diciendo que cualquiera que salga de tu boca, pero sabes que no es verdad.

Es que, a veces, se me pasa por la cabeza que ya estoy cansada de quererte solo para mí. Que tampoco me dices tanto cuando hablas y el hueco que ocupas sigue estando frío, aunque estés presente.

Hay que ver, cómo somos esta nueva generación, ¿verdad? Difíciles como nunca, pero más clarxs que siempre cuando no queremos pasar de página, pero aun así lo hacemos. Aunque sea de puntillas.

LA NIÑA MOSAICO

Los días que no me entiendo ni yo. Cuando no sé si soy pie derecho o izquierdo, que me animo en la pista y no paro de pisar donde no debo, sin pillar el ritmo ni con un tambor.

Trébol de tres hojas (¿alguien de verdad ha visto uno de cuatro? Por favor, manifiéstate y dime la verdad, aunque duela).
Gato negro.
Escalera.
Paraguas abierto bajo techo.
Espejo roto y sus siete años de bromas que no pillo.
Cruce de dedos esperanzados en que pase algo.
Estrellas fugaces en mitad de julio y los ojos cerrados bien fuerte, por si acaso es que sí.
Mucha madera a mano y si es de palo santo, mejor.
Herraduras como aliadas y mucha mierd* envueltas en aplausos.
A días yin, a noches yan.

Supongo que estoy hecha de los trozos que sobran en cada cosa. Aunque, a veces, no lo entienda mucho.

La niña mosaico. (Sigo llamándome así. Supongo que a todxs nos gusta nombrar las cosas por cómo nos recuerdan que son especiales. O, tal vez, por cómo de especiales nos sentimos nosotrxs al poder llamarlas así).

Es entonces cuando me doy cuenta de que la solución de lo que no entendemos siempre está en el mismo sitio que cuando perdemos algo y lo tenemos en la mano desde que empezamos a buscarlo.

LAS MUJERES QUE HABITAN EN MÍ

Siempre me creí una sola persona. Una niña, una joven, una mujer joven. En evolución, pero siempre una. Aunque no. Soy muchas, dependiendo del espacio, tiempo y gente con la que esté. Y menos mal.

Está la chica que tiene siete sonrisas diferentes:

1.   Cuando de verdad está feliz. (¿Puedo decir que esta es mi favorita?).

2.   La que le sigue una carcajada aguda.
3.   La del compromiso.
4.   La sonrisa de la vergüenza.
5.   La que esconde una lágrima.
6.   La que acalla un enfado.
7.   Y la que acompaña a ese brillito en los ojos porque alguien la mira muy fuerte que casi le traspasa el corazón.

También está la chica triste. Aparece en esos días malos del mes que todas seguimos aprendiendo cómo hacerle frente. La mujer complicada, que no se entiende ni ella misma. La sensible, la exigente, la organizada cuando hay visita y la menos ordenada el resto de la semana.

La mujer artista, que quiere tener un hogar con forma de escenario. La valiente, que se atreve con todo sin pensarlo y la preocupada, que empezó a ver miedos conforme fue creciendo. La niña caprichosa y la adulta independiente. La mujer tímida, que se hace chiquitita con el eco de unos tacones que no son los suyos y la segura de sí misma, que rompe pupilas si la miras fijamente a los ojos. La aventurera, que alarga las noches y la calmada, que prefiere dejarlo para otro momento. Tantas mujeres en una sola persona. Pero tú... ya lo sabías.

No sé en qué momento decidiste que era una buena idea afrontar todo esto en lugar de admitir que soy una especie de artículo defectuoso. Pero, como últimamente haces, ríes y me dices que no por estar torcida La Torre de Pisa es menos monumento y que algo así pasa conmigo.

Gracias, Ro. Creo que acabo de descubrir otra chica con una octava sonrisa. Qué mágicas somos cuando nos miramos bonito.

LABORATORIO DE INVESTIGACIÓN

Me llamaste impredecible porque no sabías si venía o me marchaba.

No entendías si estaba nerviosa o bailándote.

Era la gracia del show, pero nunca lo pillaste.

Me ponías de gallina hasta los lunares y yo sin querer esconderlo.

Te ponía de punta hasta las pestañas y tú, sin poder disimularlo.

Nos casi rozábamos las manos, a modo de ensayo mal hecho, con el miedo de pillarnos los dedos de nuevo.

Me servías de arte en papeles que ganaban a piedras en un escenario que llevaba tiempo sin hablar.

Eso tuvo que ser creación de alguien bastante rotx que al mirarse en el espejo se dio un abrazo por detrás mientras se decía: 'Calma, ahora nos vamos a mimar mucho mientras nos aplauden desde la platea'.

X – CONOCIDOS

Hay veces que me acuerdo de ti, y es una mierda, ¿sabes? Sueles venir de golpe, como si te colaras en una puerta que no está cerrada del todo (tal vez sea ese el problema) y, por un momento, se me va la alegría de las comisuras.

Empiezo a visualizar lo que pasamos, como si fuera un video resumen por temporadas. Está descargado en 4K en el lado izquierdo de mi cabeza. A pesar de los tantos detalles de cada plano sigo sin ver algunas cosas claras. Será la vista, porque la inocencia la perdí la séptima vez que te lloré.

Se acaba la cinta. Empieza el después de ti. Con el paso del tiempo esa se ha convertido en mi parte favorita. Aunque nunca vas a poder verla y paso de hacer spoilers.

Solo te diré que me rehíce una muchachita tan diferente a la que tú conocías que entiendo que ahora me veas, pero no me reconozcas. Y créeme, lo prefiero así. Lo de ser unos perfectos ex-conocidos.

Aunque, a veces, te cuelas y en lugar de echarte, me pongo a hablar contigo. (¡Y cómo no hablo!). Si al final la culpa será mía por pasarme de correcta y no mandarte a la mierda o arreglar esa puerta que de rota no tiene nada, es que la cerradura tiene truco, pero siempre hago que se me olvida cuando te oigo llegar.

SELF-CARE

La chica del reflejo hay días que carece de sentidos. La veo sin boca, sin mirada, sin oído y me pregunto cómo está…De espaldas.

Lo peor es que entiendo lo que pasa sin que pase nada.

Por eso, me pienso y me escribo. Para no olvidarme de mí.

Me hablo, para acordarme de cómo sueno. (Me encanta cuando el traductor se equivoca y le pone una ñ a esta palabra). Me bromeo, para volver al principio.

Me bailo. Como solo lo sé hacer conmigo.

Me miro. De muchas formas, a ver si descubro algo nuevo.

Y me llamo. *Ro, Rocío, qué bonito suenas.*

Ya que, cada vez más, cada paso mejor, consigo ser la persona, el camino, el relato, y el resultado que me merezco.

WONDER WOMAN

Me busqué en recuerdos que no viví.

Me olvidé de personas que jamás conocí.

Me escuché diciendo palabras que no me representan.

Me pensé en lugares en los que no había estado nunca.

Me sorprendí en un reflejo y no me reconocí.

Me busqué por todos lados durante años y me encontré con que apenas había existido.

El día que me di cuenta de que las cuerdas que, de tanto apretarme eran ya extremidades, se convertían en riendas que podía coger yo y me rompí la venda que no sabía que llevaba puesta porque, de tanto que la usé, me acostumbré a su tacto, como la piel de cordero en invierno con colmillos de farsante, supe que iba a comerme el mundo porque era yo misma y, ante eso, nadie puede hacer nada para evitarlo. Tan solo concienciarse de que algo grande está a punto de pasar.

MANTRAS

No quiero que dejes de moverte nunca porque, mientras más te creo, más creo en ti. No es creo de creer, sino de crear.

Por los ratos que te veo el alma cuando eres el gaman, la crisálida y la mano que los pare.

Por lo fácil que parece que lo haces, aunque tú sepas la otra verdad. No es mentir, tal vez aparentar hasta que se haga la voluntad.

Amén.

Porque hay miles de motivos, a cada cual más complejo de explicar.

Te quiero cuerda, pero no atada.
Te quiero maníaca, pero no encerrada.
Te quiero favorita, pero sin dueño.
Te quiero querer bien, como estoy aprendiendo.

Eres lo que quise cuando no sabía lo que quería y deseaba todo lo bueno.

Eres lista, eres buena, eres capaz.

Dímelo de nuevo.

Eres GRANDE.

Más fuerte, que no te entiendo.

ERES VÁLIDA. POR FUERA Y, SOBRE TODO, POR DENTRO.

Ahora sí te creo.

Eres el abracadabra más raro y, a la vez, el que cuando aparece no lo suelto. Cierra los ojos. Pide el deseo. Abre los ojos, mira al espejo. ¿Qué se siente cuando tu imaginación la ves en carne y hueso?

Os presento de nuevo. Eres tú misma, 257 piedras al sur de la salida. Seguro que estás encantada de conocer al amor de tu vida.

¡MUCHAH GRACIAH! ¡SOIS MÁS APAÑAXS QUE LAS PESETAS!

(Origen español) 'Muchas gracias' (usada de manera ponderativa). Hace referencia a la fórmula de cortesía para manifestar agradecimiento.

Dependiendo del lugar de origen, se pronunciará de forma diferente. Es común que, en la zona de Andalucía, lxs hablantes aspiren la S final.

'Eres más apañá/o que las pesetas' Hace referencia a alguien que es habilidosx, amable, alegre, atractivx y fácil de tratar.

Esta expresión está en peligro de extinción y desde aquí hago un llamamiento a que se aumente su uso y no caiga en el olvido.

Hay demasiadas personas a las que se lo podemos gritar a los cuatro vientos, alegrándoles la autoestima.

AGRADECIMIENTOS

Este libro se llama *Por dentro y por fiera* porque ponerle el nombre de todas las personas que lo formáis era algo inacabable. Cada relato, cada palabra, cada emoción que llevan consigo está hecho de retales vuestros.

Gracias, por haber dicho en algún momento la palabra perfecta, hacer eso tan necesario o vivir aquella anécdota que se convertiría en ejemplo para mí. Todo lo que he aprendido ha sido por estar rodeada de gente que me enseña a tirar *pa'lante*, aunque, a veces, se me haga bola.

A mis padres, por regalarme las bases de lo que soy hoy e inculcarme la lectura desde tan pequeñita, sin imaginar que esto podría acabar así. El único secreto era alentar a la imaginación a volar mientras se lo pasaba bien.

A Don Luis y Don Joaquín, mis maestros de primaria. Creo que siempre supieron que algún día haría esto. Por si no lo sabéis, la gente siempre se acuerda de profesores como vosotros.

A Anaida, Juli y Fran. Sois los responsables de que la Ro niña se convirtiera en la Ro más mujer. Sois mi punto de inflexión, la parte A, la B y las vocecitas de las que me acordaré cuando no sepa muy bien a dónde ir.

A mi segunda familia, que la tengo repartida por media España y el mapamundi es más grande desde que algunas cogieron una maleta y no paran de estar *pa'rriba* y *pa'bajo*. (Cómo os gusta lo que os encanta…) Jaén, Málaga, Granada, Almería, Madrid, Eslovaquia, Italia, Argentina.

A lxs que os fuisteis y no os volví a ver.

A lxs que me levantaron y siguen haciéndolo cuando tengo el cuerpo lleno de agujetas y no llego a la última serie.

A lxs que ven en mí cosas que yo veo en ellxs y no paro de preguntarme quién tiene más razón de las dos partes.

¡MUCHAH GRACIAH!

Porque he *cogío tó* esto,
lo he *metío* en un cacharro,
lo he *removío* bien
y ha *salío* este libro.

No es magia, es ARTE. Aunque, en realidad, viene a ser lo mismo.

¡Os quiero muchísimo!

ÍNDICE